SÉ FELIZ HOY

A N N A
BARNES

TRADUCTORA: SONIA GONZALEZ

EDITORAS

Título original: *How to be happy*
Dirección editorial: Marcela Luza
Edición: Carolina Genovese
Investigación: Anna Martin
Coordinación de diseño: Marianela Acuña
Diseño: Luci Ward
Armado: Clara Gimenez

Ilustraciones © Shutterstock

ARGENTINA: San Martín 969, piso 10 (C1004AAS), Buenos Aires. Tel./fax: (54-11) 5352-9444 y rotativas e-mail: editorial@vreditoras.com

MÉXICO: Dakota 274, Colonia Nápoles. CP: 03810, Del. Benito Juárez, Ciudad de México. Tel./fax: (5255) 5220–6620/6621 01800–543–4995 e-mail: editoras@vergarariba.com.mx

ISBN: 978-987-747-365-0

Impreso en China • Printed in China
Enero de 2018

Barnes, Anna
Sé feliz hoy / Anna Barnes. - 1a ed. - Ciudad Autónoma de Buenos Aires: V&R, 2018.
160 p.; 21 x 15 cm.

Traducción de: Sonia Gonzalez.
ISBN 978-987-747-365-0

1. Autoayuda. 2. Superación Personal. I. Gonzalez, Sonia, trad. II. Título.
CDD 158.1

CONTENIDOS

INTRODUCCIÓN

Con el rápido ritmo de la vida moderna, las continuas demandas de ser mejores cada día y trabajar más para tener más, a menudo, nos olvidamos de nuestro bienestar mental y de lo importante que es ser feliz.

Este libro te alienta a detenerte un momento y ser más consciente de los diferentes aspectos de tu vida. Te ofrece varias maneras de optimizar tu estado de ánimo para lograr una felicidad duradera, empezando por mejorar tu entorno familiar hasta lograr el manejo de situaciones estresantes en el trabajo. También te invita a seguir fáciles consejos sobre cómo tener un pensamiento positivo y una actitud proactiva a la hora de tener una mente sana y un cuerpo saludable. Con un poco de entusiasmo y dedicación, estos consejos te iniciarán en el camino hacia la felicidad...

Técnicas para ser feliz

Al elegir este libro, has dado
tu primer paso positivo hacia
la felicidad duradera.
Dentro de estas páginas, encontrarás
sugerencias para traer más armonía
y felicidad a tu vida, ajustando tu estilo
de vida y tu mentalidad. También
podrás encontrar técnicas simples
para calmar pensamientos negativos
y ansiedades, relajando tu cuerpo y
tu mente.

Felicidad, no en otro lugar,
sino en este lugar,
no en otra hora, sino
a esta hora.

Walt Whitman

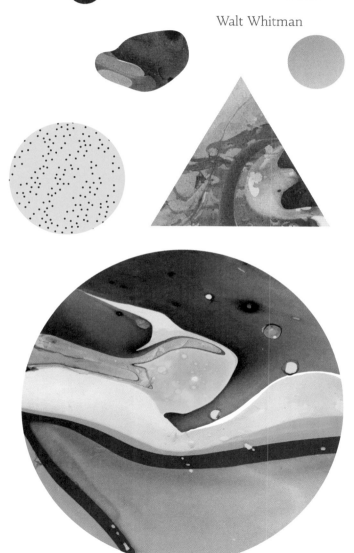

Encuentra tu propio

camino hacia

la felicidad

y síguelo.

ELIGE SER FELIZ

La felicidad no tiene una receta única, y hay muchas razones por las cuales la gente se esfuerza para mantenerse feliz y positiva. William James, un destacado psicólogo estadounidense del siglo XIX, estudió por qué algunas personas eran naturalmente felices mientras otras luchaban para lograrlo. Habiendo sufrido él mismo de depresión, tenía una visión muy clara sobre la búsqueda de la felicidad y, finalmente, llegó a la conclusión de que elegíamos ser felices, de que el acto de creer que podías ser feliz te conduciría hacia tu propia felicidad. Así que, la próxima vez que sientas el ánimo decaído, piensa en un momento en el que estabas feliz, bucea en esos pensamientos y cree firmemente que puedes alcanzar ese nivel de felicidad de nuevo.

la felicidad

es una elección,
no una casualidad.

¡LAS MEJORES COSAS DE LA VIDA SON GRATIS!

Muchos estudios han demostrado que las experiencias simples, como sumergir los pies en el mar o tomar una taza de té bajo el sol, dan mucho más placer que la adquisición de bienes materiales, por lo que, en lugar de salir de compras para hacer terapia cuando necesites sentirte feliz, ¡sal y emprende alguna actividad al aire libre para levantar tu ánimo!

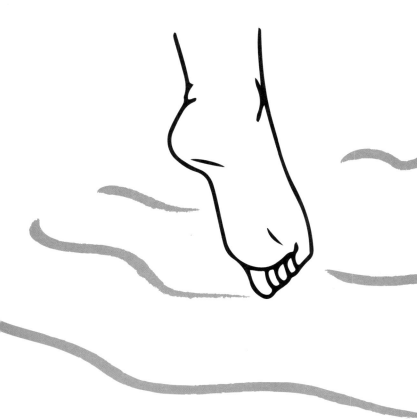

UNA

MULTITUD

DE

PEQUEÑOS PLACERES

HACEN

LA FELICIDAD.

Charles Baudelaire

HÁBLALO

Hablar con buenos amigos acerca de tus problemas te ayudará a poner tus propias preocupaciones en perspectiva y, además, felicitarse mutuamente por las cosas buenas que suceden en sus respectivas vidas es una maravillosa manera de aumentar tus niveles de felicidad.

Cuando estés en una espiral negativa, habla con personas que puedan ver las cosas desde otra perspectiva y que te puedan ofrecer soluciones y, si pueden hacerte reír al mismo tiempo, mucho mejor.

Nunca
te disculpes
por ser tal
como eres.

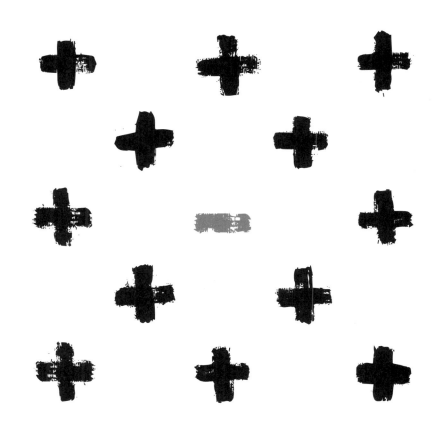

NO DEJES QUE NADIE TE HAGA SENTIR MAL

Es importante reconocer a las personas que te rodean y que alimentan tus pensamientos negativos o te menosprecian. No sientas la obligación de pasar tiempo con ellas. La vida es demasiado corta para que pierdas el tiempo con personas que no tienen buenas intenciones.

RAZONES PARA ESTAR FELIZ: 1, 2, 3

Consigue lápiz y papel, y anota todas las cosas que te hagan sonreír en tu vida, como pasar tiempo con tu familia y amigos, tus hobbies, tus mascotas o las metas que has alcanzado. Rápidamente, te sorprenderás por lo larga que es la lista. Colócala en algún lugar donde la veas todos los días, como un recordatorio de lo buena que es la vida. Una alternativa es anotar tres cosas buenas que te sucedan cada semana. Una investigación publicada en la *Revista de Psicología Clínica* descubrió que aquellos que adoptaron este hábito se volvieron significativamente más felices.

Una de las mejores maneras de sentirte feliz en el presente es recordar los tiempos felices de tu pasado.

ANTES DE LEVANTARTE, PONTE UN OBJETIVO O UNA INTENCIÓN PARA EL DÍA

Podría ser algo tan simple como "mantener la calma en el trabajo", "producir más" o "disfrutar trabajando con mis compañeros", pero no lo conviertas en una obligación, ya que podría causarte ansiedad. El Dalai Lama dijo una vez: "Cada día, piensa al despertar: hoy tengo la suerte de estar con vida, tengo una preciosa vida humana, no voy a desperdiciarla". Mantén este pensamiento para recordar que cada día es especial y que no puede ser vivido nuevamente.

Un solo pensamiento **positivo** a la **mañana** puede cambiar **todo** tu día.

No estropees lo que tienes
deseando lo que no tienes;
recuerda que lo que ahora tienes,
alguna vez, estuvo entre las cosas
que esperabas.

Epicuro

ARMA UN COLLAGE DEL BUEN HUMOR

No es necesario que tengas habilidades artísticas para hacer tu propio collage del buen humor. Crearlo te ayudará a enfocarte en lograr tus metas y, al mismo tiempo, fortalecerás tu buen humor. Comienza por reunir imágenes de los lugares que quisieras visitar, usa colores brillantes y alegres, y retazos de tela; escribe citas inspiradoras y fragmentos de poesías que te hagan sonreír cada vez que los leas. Coloca tu collage del buen humor en un lugar visible y mantenlo actualizado a medida que tus metas y sueños se vayan cumpliendo.

Se necesita muy poco
para tener una vida feliz;
todo está dentro de ti,
en tu manera de pensar.

Marco Aurelio

RESERVA
TIEMPO
PARA TI

Es muy fácil olvidar tus propias
necesidades cuando llevas
una vida ocupada, llena de
responsabilidades. Asigna tiempo
para ti regularmente; apunta un
horario en tu agenda como
"mi tiempo" para hacer las cosas
que te gustan o para sentarte a
pensar, meditar o, simplemente,
disfrutar de tu propia compañía.

DATE UN GUSTO CADA DÍA

Si te sientes triste, con tensión o ansiedad, trata de hacer algo agradable cada día, aunque sea pequeño, para darte un impulso de felicidad. Podrías hacerte un exquisito postre para tu cena, ir a la cama temprano para leer un libro, disfrutar de un largo baño de inmersión o encontrarte con tus amistades para tomar un café. Tener algo agradable que esperar te ayudará a pensar en positivo durante todo el día. Revisa tu agenda y asegúrate de tener anotados tus pequeños placeres frecuentemente para mantenerte feliz. Estos placeres ni siquiera tienen que costar dinero. Si está soleado, sal al parque con tus afectos y lleva algunas raquetas de tenis y una pelota; si hace frío, busca eventos gratuitos cercanos o visita a tus amistades.

SONRÍE Y EL MUNDO TE SONREIRÁ.

¡SONRÍE!

Sonreír libera endorfinas, la sustancia natural
del cuerpo para sentirse bien. Incluso si no lo
haces con verdaderas ganas, simular con la
boca una sonrisa mejorará tu estado de ánimo.
Algunos estudios recientes han probado
que las emociones positivas mejoran con las
expresiones faciales, porque el estado de ánimo
de una persona comienza a alinearse con la
emoción que la cara le está comunicando, así
que ¡muestra esas perlas blancas! También
sirve recordar el viejo proverbio que dice que
se necesitan menos músculos para sonreír
que para fruncir el ceño.

Si caminas con alegría, la
felicidad estará muy cerca.

Todd Stocker

Observa **todo** con una sensación de **asombro**, como un **niño** viendo el mundo por **primera vez.**

ASUME NUEVOS DESAFÍOS

Puede tomar años de paciencia y trabajo duro dominar una habilidad, como dibujar bien o aprender una lengua extranjera, pero los estudios señalan que tienes una mayor probabilidad de ser más feliz día a día, en el largo plazo, si te enfocas en un pasatiempo o realizas un curso. Ese sentimiento de perderse en el estudio o en la búsqueda creativa se conoce como "flujo" y este estado, según algunos psicólogos, es donde se encuentra la verdadera felicidad.

Elige un trabajo que ames
y no tendrás que trabajar ni
un solo día de tu vida.

Confucio

DIRIGE TU VIDA HACIA LA FELICIDAD

¿Sabes lo que quieres de tu vida? ¿Eres feliz en tu trabajo? ¿Y en tu vida personal? Si tu situación actual te está haciendo infeliz, entonces, es hora de hacer algunos cambios. ¿Qué podrías cambiar para sentir energía positiva? Establece metas realistas que te ayuden a sentir inspiración y que te entusiasmen para hacer cambios, y elige los objetivos que son adecuados para ti, no los que complacen a otros. En primer lugar, anota tus metas y trata de adoptar un plan realista para lograrlas. Si lo que quieres es un cambio de carrera, ¿por qué no dar el primer paso y ver a un asesor de carreras o lograr experiencia laboral en el campo elegido? Prométete que, a estas alturas, el próximo año, estarás haciendo los cambios positivos que deseas en tu vida.

DÉJALO IR

Todos tenemos el hábito de
aferrarnos a experiencias
negativas, sentimientos de culpa,
arrepentimientos y malos amigos.
Es hora de hacer un pacto contigo
y dejar que esas cosas negativas se
vayan para que puedas avanzar hacia
un futuro más feliz y brillante.
A veces, se siente bien decir:
"¡No más!" o "¡Nunca más
volveré a hacer eso!".

No importa lo que
haya sucedido antes,
siempre puedes
dar un nuevo paso
hacia un futuro
esperanzador.

SÉ QUIEN ERES

Disfruta de lo que te hace diferente
y sigue tu propio camino hacia la
felicidad. No te sientas bajo presión
para hacer o ser lo que los demás
esperan de ti, porque nadie te conoce
mejor que tú.

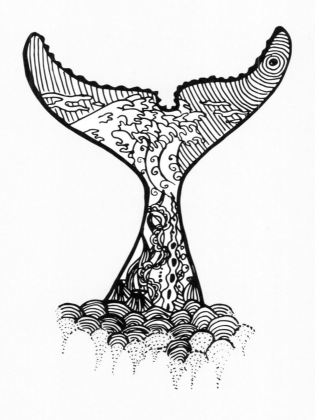

La felicidad es, esencialmente,
el estado de ir hacia algún lugar,
con entusiasmo, en una sola
dirección, sin remordimiento
ni cautela.

William Herbert Sheldon

Tus

propias

decisiones

Apegarte a una decisión y tener el valor
de mantener tus convicciones es una
ruta segura hacia la verdadera felicidad,
porque te hace sentir que tienes el control
de tu vida y que puedes dominar tu
propio destino.

Sé siempre una
versión de primera
clase de tu propia
persona, en lugar
de una versión de
segunda clase de
alguien más.

Judy Garland

NO TE COMPARES
CON OTROS

Si continuamente estás luchando por la perfección, que es un objetivo imposible, esto te impedirá ser feliz y te estarás negando la oportunidad de sentirte bien por todo lo que estás logrando en tu vida o lo que ya has logrado. Uno de los rasgos más comunes de una persona perfeccionista es compararse con otros y considerar que tienen un trabajo mejor, una casa más grande, más dinero, y esto aparta tu mirada de todas las cosas positivas que están ocurriendo en tu vida. No creas que imitar a otros te hará más feliz; trata de ser la mejor versión de tu propio ser, observa las áreas de tu vida que podrías mejorar y reconoce y aprecia todo aquello para lo que tienes talento.

REPITE ESTE MANTRA:

SOY RESPONSABLE DE MI PROPIA FELICIDAD.

SOY RESPONSABLE DE MI PROPIA FELICIDAD. SOY RESPONSABLE DE MI PROPIA FELICIDAD. SOY RESPONSABLE DE MI PROPIA FELICIDAD. SOY RESPONSABLE DE MI PROPIA FELICIDAD.

VISUALÍZATE
MÁS FELIZ

Al comenzar tu viaje hacia la felicidad duradera, puede ser difícil ver cuál será el resultado final. Es fácil desalentarse con el "qué pasa si", con cualquier situación que lleves a tu mente, y es aquí donde la visualización creativa puede ayudarte. Busca una silla cómoda para sentarte y relajarte. Comienza cerrando los ojos y concentrándote en el ritmo natural de tu respiración. A continuación, empieza a construir una imagen en tu mente de cómo lucirías y te comportarías si estuvieras más optimista y más feliz. ¿Dónde estás? ¿Quién está a tu lado en este lugar feliz? Observa cada detalle y disfruta cómo te sientes. Mientras estés trabajando para tener una vida más feliz, lleva esta imagen mental contigo como inspiración.

COMPARTE LA ALEGRÍA

Una acción
para hacer feliz
a otro inspira al
otro a hacer feliz
a otro más, y
así la felicidad se
despierta y abunda.

Buda

EL REGALO DE DAR

Realizar cosas por los demás es una excelente forma de apartar la mente de los problemas y te hace sentir bien. Un estudio reciente concluyó que los voluntarios que ayudaban por razones desinteresadas vivían más tiempo y que hacer algo bueno por el otro también estaba vinculado con la construcción de relaciones sociales más fuertes y más felices. Puedes ofrecer tu tiempo libre de varias maneras, como, por ejemplo, ayudando en una institución de caridad de tu ciudad. Pero si lo que quieres es ayudar en un lugar próximo a tu casa, considera la posibilidad de visitar a alguien que conoces, que no tenga familiares cerca y que aprecie tu compañía, u ofrécete a hacerles las compras del supermercado a los vecinos que lo necesiten.

La mejor
manera
de animarte
es intentando
animar
a otros.

Mark Twain

PRACTICA LA GENEROSIDAD

Según investigaciones, el dinero puede
comprar la felicidad, pero solo si lo gastas
en alguien que no seas tú. Se trata de
ganar–ganar, porque no solo harás que
alguien se sienta especial, sino que, al
hacerlo, ¡tú también te sentirás feliz!

UNA ALEGRÍA EXPRESADA ES UNA ALEGRÍA COMPARTIDA.

PLANIFICA UN VIAJE O ALGUNA ACTIVIDAD CON TUS AMIGOS

Piensa en las vacaciones o los días libres que has pasado con tus amigos y en las historias que vivieron y de las que todavía hablan cuando se reúnen. Las vivencias compartidas con amigos han demostrado brindar una felicidad mayor y más duradera, ya que esas experiencias pueden recordarse durante años. Generalmente, las cosas que salen mal ¡aportan los recuerdos más graciosos! Y no se trata solo del disfrute de las experiencias compartidas y la capacidad de recordarlas, sino también de la planificación y la expectativa que nos producen, porque nos hacen sentir positivos y felices. ¡Ya tienes la excusa perfecta para empezar a planear tu próximo viaje!

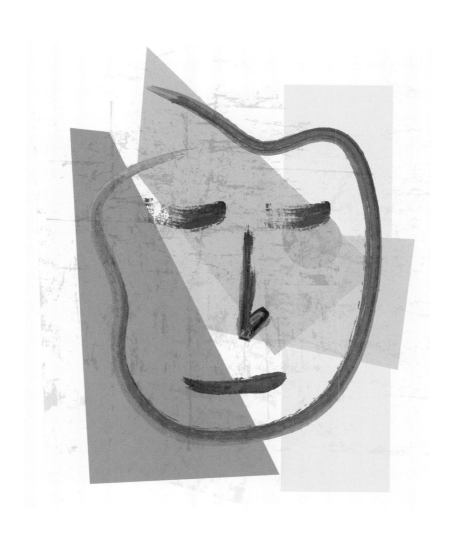

Los amigos son los artistas que pintan sonrisas en tu rostro.

Richelle E. Goodrich

ORGANIZA UNA NOCHE DE PELÍCULA

Planea una noche de películas para tu grupo de amigos. Elige tu comedia favorita para asegurarte mucha diversión y ¡no te olvides de las palomitas de maíz!

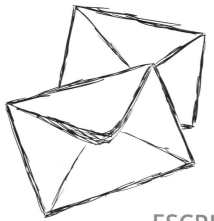

ESCRIBE UNA CARTA

La mayoría de nosotros tenemos familiares o amigos que viven en el otro extremo del país o, incluso, en otro país. Regálate a ti (y a ellos) una alegría escribiéndoles una carta de puño y letra. Cuéntales cómo has estado y pregúntales todo lo que quieras saber. Utiliza esta oportunidad para ponerte al día de una manera en la que no lo harías por teléfono o por Facebook. Es una ocasión para demostrar franqueza y honestidad, y, tal vez, también puedas enviarles un pequeño recuerdo junto con tu carta, como una fotografía. Es probable que obtengas una respuesta manuscrita, lo que acrecentará tu sensación de felicidad y satisfacción.

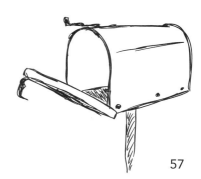

CANTA POR PLACER

Cantar proporciona un estímulo maravilloso de felicidad y sirve para liberar el estrés acumulado. ¡Es difícil cantar y sentir estrés al mismo tiempo! También es bueno para tu salud porque libera endorfinas, una sustancia que nos hace sentir bien. Y la respiración profunda, que necesitas para cantar, aumenta los niveles de oxígeno en la sangre. Otro aspecto positivo del canto es que mejora la postura y tonifica el abdomen. Participar en un coro o grupo de canto es aún más gratificante, porque es una gran manera de hacer amigos y divertirte a la vez.

Si no tienes
ninguna razón
para bailar,
encuentra una
para cantar.

Melody Carstairs

Si le envías una tarjeta, un correo electrónico o un regalo a alguien en el día de su cumpleaños, significa que estás en contacto con las personas que más te importan, al menos, una vez al año. Es un buen comienzo para construir y mantener relaciones importantes.

ABRAZA A ALGUIEN

Un buen abrazo es una de las formas más
rápidas de aumentar tus niveles de felicidad,
ya que estimula el flujo de oxitocina, la hormona
que alivia el sistema nervioso, reduce la presión
arterial y los niveles de estrés.

Hoy estás radiante.

HALAGA A ALGUIEN

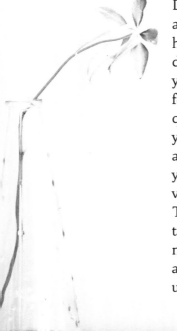

Dar o recibir un elogio sincero aumenta la autoestima y los niveles de felicidad, así que halaga a alguien y alégrale el día. Puedes decirle lo bien que se ve, cuánto te gusta y admiras un rasgo de su personalidad o felicitar sinceramente a alguien del trabajo que presentó un informe impresionante y es probable que tú recibas otro elogio a cambio. Asegúrate de agradecerle y tómate un momento para disfrutar verdaderamente de lo que te ha dicho. También guarda correos electrónicos, tarjetas y mensajes elogiosos, junto con tus mejores evaluaciones en el trabajo. Vuelve a leer estas palabras cada vez que necesites un impulso positivo.

LA FELICIDAD ES CONTAGIOSA. LAS PERSONAS FELICES HACEN FELICES A LAS PERSONAS.

EL AMOR ESTÁ EN TODAS PARTES

¿Cuándo fue la última vez
que expresaste tu cariño por alguien?
Un "te quiero" es muy poderoso
y decírselo a alguien de tu familia,
a compañeros o a amigos íntimos
significará mucho para ellos.
Y, cuando te lo devuelvan,
¡significará mucho
para ti también!

La felicidad de la vida se compone de
fracciones de minuto: las pequeñas y
pronto olvidadas bondades de un beso
o una sonrisa, una mirada amable,
un elogio sincero y los innumerables
e infinitesimales momentos de
sentimientos agradables y únicos.

Samuel Taylor Coleridge

REALIZA UNA LLAMADA

Es bueno que llames por teléfono a una persona por día para contarle qué pasa en tu vida. Los estudios muestran que, incluso si estamos teniendo un mal día, hablar con un ser querido nos hará sentir más felices.

Si paseas un perro ajeno, le proporcionarás a sus dueños tiempo libre. A su vez, te darás la oportunidad de salir a la naturaleza y de compartir esa experiencia con un animal. Pasear un perro es una vivencia muy positiva para ti y para la mascota; no solo les ofrece a ambos la posibilidad de ejercitarse al aire libre, sino que también está comprobado que pasar tiempo con animales brinda una sensación de bienestar extra.

Nada puede hacer nuestra vida, o la vida de otras personas, más hermosa que la bondad perpetua.

León Tolstoi

La felicidad en el hogar

Tu hogar debería ser el lugar donde te sientas más feliz y sin tensiones.
Si descubres que se ha transformado en una fuente de estrés, los siguientes consejos te ayudarán a convertir tu casa en un espacio de alegría, comodidad y calma.

Cuando amas
lo que tienes,
tienes todo lo
que necesitas.

LIMPIA EL DESORDEN

Tener un hogar limpio y ordenado es importante para la felicidad y el bienestar general. Piensa en aquel momento en el que llegaste tarde al trabajo porque no podías encontrar las llaves del auto o recuerda cuando tardaste siglos buscando una prenda en particular porque tu armario estaba demasiado lleno. Esto no te predispone a un buen comienzo del día de descanso y puede producir tedio y molestia. Tener espacios limpios y un lugar para cada cosa es relajante, y el acto de ordenar puede ser muy agradable. La clasificación y la limpieza provocan una ejercitación suave que produce serotonina, la hormona que equilibra el estado de ánimo y nos hace sentir felices.

REPITE ESTE MANTRA:

**MEREZCO SER FELIZ,
MEREZCO SER FELIZ,
MEREZCO SER FELIZ,
MEREZCO SER FELIZ,
MEREZCO SER FELIZ,
MEREZCO SER FELIZ,
MEREZCO SER FELIZ,
MEREZCO SER FELIZ.**

BUSCA COMODIDAD

Hygge (se pronuncia "hoo–ga") es una palabra danesa que describe la sensación de algo acogedor, cómodo y en paz con el mundo. Se trata de disfrutar de los placeres simples de la vida, como sentarte frente al fuego en una fría noche de invierno, acurrucarte bajo una manta con tu libro favorito, ponerte pantuflas cómodas y pijamas, o tomarte tu tiempo para disfrutar de una deliciosa taza de café. Añade algo de *hygge* a tu vida con pequeños placeres y siente el cálido abrazo que te estás dando.

CLASIFICA TU GUARDARROPA

Acumulamos mucha ropa a lo largo de los años, pero puede ser demasiado difícil deshacernos de todas esas cosas que ya no usamos. Ya sea por la creencia de que vamos a adelgazar y entrar nuevamente en nuestro jean favorito o por tenerle un apego sentimental a una prenda especial, muchos de nosotros tenemos armarios y cajones que están repletos. La manera de desprenderte de las cosas que ya no necesitas es hacerte estas preguntas con total sinceridad mientras estás clasificando:

1. ¿Me gusta?

2. ¿Lo he usado alguna vez?

3. ¿Quiero que me vean usando esto?

4. ¿Me causa picazón o es incómodo de usar?

Una vez que hayas sacado todo lo que nunca vas a usar de nuevo, separa las cosas que, tal vez, desees vender en línea y el resto puedes llevarlo a un centro de caridad. Compra algunas perchas de calidad y bríndale el cuidado que se merece la ropa que estás dejando en tu armario. Al ordenar los cajones, dobla tus prendas para evitar arrugas y ubícalas de una forma en la que puedas verlas todas al mismo tiempo. Así, al abrir tu guardarropa o un cajón, tendrás una sonrisa en el rostro cada mañana. No te detengas allí, continúa con los muebles de la cocina y también con tu bolso de mano, ¡y realmente disfrutarás de tu nuevo orden con mucha felicidad!

El verdadero secreto de la felicidad radica en tener un verdadero interés en todos los detalles de la vida cotidiada.

William Morris

No te tomes todo demasiado en serio.

Aprende a reírte de ti.

ADMINISTRA BIEN TU DINERO

Si dejas tus cuentas bancarias y facturas sin abrir por temor a lo que puedas encontrar, entonces, es el momento de organizarte y administrar sabiamente tus finanzas para que logres tranquilidad y felicidad a largo plazo. Comienza creando una sencilla hoja de cálculo de tus ingresos y gastos mensuales. Si descubres que te quedas sin dinero a mitad de mes, seguramente, habrá algunos recortes muy simples que puedas hacer.

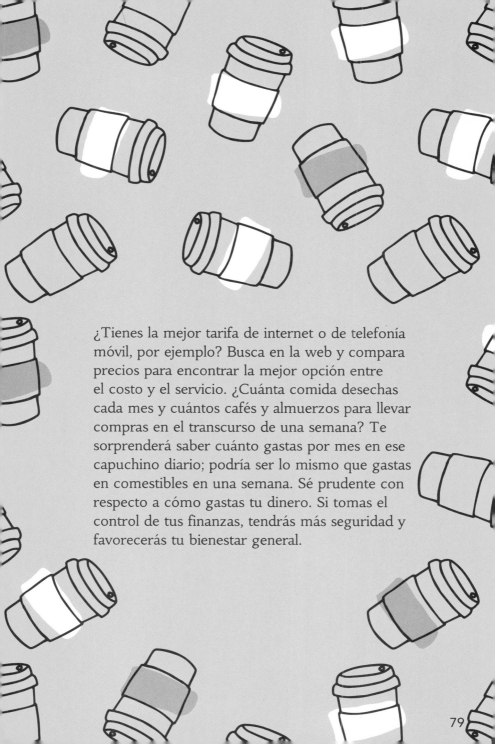

¿Tienes la mejor tarifa de internet o de telefonía móvil, por ejemplo? Busca en la web y compara precios para encontrar la mejor opción entre el costo y el servicio. ¿Cuánta comida desechas cada mes y cuántos cafés y almuerzos para llevar compras en el transcurso de una semana? Te sorprenderá saber cuánto gastas por mes en ese capuchino diario; podría ser lo mismo que gastas en comestibles en una semana. Sé prudente con respecto a cómo gastas tu dinero. Si tomas el control de tus finanzas, tendrás más seguridad y favorecerás tu bienestar general.

APRENDE A DESCONECTARTE

Es muy fácil volver a casa después de un día de trabajo y sentarte frente al televisor, sin importar si hay algo que realmente quieras ver o no, o ingresar a internet y perderte en las redes sociales. Antes de que te des cuenta, las horas habrán pasado y tu día se habrá terminado. Rompe con tu rutina y, en lugar de tomar el control remoto, la tableta o el teléfono móvil, destínale ese tiempo a los hobbies que realmente amas, encuéntrate con tus amigos u organiza una salida con tu pareja. Pronto sentirás emoción por volver a casa para realizar todas las actividades que has proyectado.

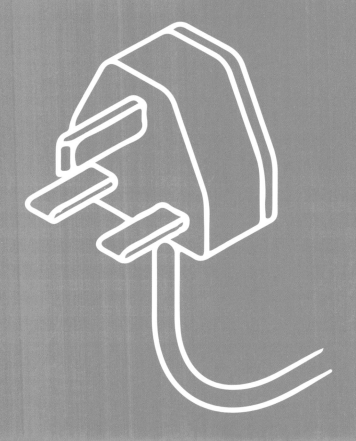

PIENSA EN VERDE

Siempre hay lugar para una planta o dos, sin importar en dónde vivas. Ya sea que poseas un jardín o un espacio pequeño cerca de una ventana, tener plantas brinda muchos beneficios para la salud. Se cree que los efectos calmantes de las plantas, así como los efectos purificadores de su follaje productor de oxígeno, reducen los niveles de ansiedad y la presión arterial, y mejoran tu bienestar general, lo que hace que sientas más tranquilidad y optimismo.

Nada grande
se ha logrado
sin entusiasmo.

Ralph Waldo Emerson

¡APRENDE A AMAR LA LIMPIEZA!

Hay ciertas tareas del hogar de las que no te puedes librar, como lavar los platos o limpiar el baño. Así que aprende a amarlas, ¡o, al menos, aparéntalo! Puedes poner música y cantar a viva voz. Canta más fuerte el estribillo para celebrar cada pequeña victoria. Los estudios explican que escuchar música mientras haces las tareas de tu casa te hace sentir optimista y feliz, y hace que el trabajo sea menos pesado.

TEN UNA MASCOTA

Recientemente, una encuesta descubrió
que los dueños de mascotas, por lo general,
gozaban de mayores niveles de autoestima y
niveles significativamente más bajos de estrés
y depresión que aquellos que no tenían. Las
mascotas nos dan un sentido y un propósito, y
crean un sentimiento de pertenencia. También
son muy divertidas porque les encanta jugar e
interactuar con el mundo que las rodea.

La felicidad
es un tierno
cachorrito.

Charles M. Schulz

TÓMATE UN TIEMPO PARA JUGAR

Realiza algo infantil solo por diversión: patea hojas en el parque, construye un castillo de arena, hamácate en un columpio, crea un avión de papel... Desafíate a hacer algo alegre y divertido todos los días.

El tiempo que te encanta perder no es tiempo perdido.

Marthe Troly-Curtin

DUERME BIEN, SIÉNTETE BIEN

No es ninguna novedad que vivir con cansancio no genera una sensación de felicidad. La falta de sueño debilita el sistema inmunológico, lentifica los tiempos de reacción y nos vuelve más propensos a la depresión, a la ansiedad y a sentirnos desanimados. Se considera que la cantidad mínima necesaria de sueño por noche, para mantenerte saludable, es de siete horas. Los siguientes consejos te ayudarán a tener una mejor noche de sueño para que te sientas con más energía y optimismo al comenzar cada día.

ESCUCHA MÚSICA CLÁSICA ANTES DE IR A LA CAMA

Los estudios han probado que escuchar música clásica calma la respiración, disminuye la temperatura corporal y la frecuencia cardíaca, lo cual es ideal para propiciar una noche de sueño reparador.

Un hogar cómodo es una gran
fuente de felicidad.
Su orden de importancia va
inmediatamente después de la
salud y una buena conciencia.

Sydney Smith

TRANSFORMA TU HABITACIÓN EN UNA ZONA FELIZ

Tu dormitorio puede ser un santuario, un lugar que uses solo para dormir y disfrutar del sexo. Mantenlo ordenado, abre las ventanas todos los días y permite que el aire fresco fluya a través de la habitación. También cambia regularmente la ropa de cama para mantenerla fresca y acogedora. Opta por una iluminación suave y trata de no tener distracciones electrónicas en la habitación. Esto incluye televisores, tabletas, ordenadores portátiles y teléfonos. Si usas estos artefactos antes de irte a dormir, haces que sea más difícil conciliar el sueño. Solo decora tu habitación con fotos y adornos que te traigan alegría. Enciende algunas velas perfumadas de lavanda, manzanilla o vainilla para favorecer la relajación y el sueño reparador.

Solo
rodéate
de cosas
que le
den
alegría
a tu
corazón.

El optimismo es un
verdadero valor moral.

Ernest Shackleton

TIENDE TU CAMA

Esta es una de las tareas más simples y que puede hacerte sentir más feliz. Anímate y elige ropa de cama que sea de tu gusto para darte un impulso de optimismo y para beneficiarte con un descanso de calidad. La ropa de cama atractiva te ayudará a hacer de tu habitación un lugar del cual sientas orgullo y donde tengas tranquilidad. Además, elegir unas sábanas de calidad te dará comodidad para dormir por la noche y te ayudará a sentirte con energía por la mañana. Para algunas personas, las sábanas de algodón y un cobertor liviano funcionan mejor; otras encuentran la seda más suave al contacto con su piel. Los tejidos sintéticos pueden hacerte sentir demasiado calor durante la noche, lo que puede ocasionar que te despiertes varias veces y te deje sin el adecuado descanso e, incluso, con nervios. Invierte en un par de juegos de ropa de cama de muy buena calidad, en lugar de varios juegos económicos de poliéster. Esto ayudará a que sientas energía positiva en tu dormitorio.

AGREGA UN TOQUE DE COLOR

Está probado que los colores brillantes te hacen sentir más optimista y feliz, así que añade toques de color en tu dormitorio. Puedes hacerlo con una hermosa manta roja para la cama, o con la imagen de un paisaje colorido y soleado, para animarte por las mañanas.

DESPEJA TU MENTE ANTES DE DORMIR

Una de las causas más comunes del insomnio es la preocupación. Por eso, es importante que despejes tu mente de pensamientos negativos antes de ir a la cama. Hay varias maneras de hacer esto, como, por ejemplo, anotando lo que está en tu mente o realizando una lista de tareas pendientes para el próximo día. Otra idea es charlar con amigos o un ser querido, alguien que vea el lado positivo de las cosas y que te ayude a observar tus preocupaciones desde otra perspectiva. Si piensas en tres sucesos buenos del día, alejarás los pensamientos negativos e irás a la cama con un estado de ánimo positivo.

TÓMATE UN TIEMPO PARA REALIZAR AQUELLO QUE TE HAGA FELIZ.

La felicidad en el trabajo

La mayoría de nosotros pasamos más horas del día en el trabajo que en casa. Por eso, es muy importante que seas feliz en el lugar en el que te desempeñes laboralmente. Los siguientes consejos te ofrecen varias maneras de mantener la energía positiva en tu lugar de trabajo.

TEN AMIGOS EN EL TRABAJO

Si tienes compañeros de trabajo para charlar en tus momentos de descanso o para salir a almorzar, puedes hacer tu día laboral mucho más feliz y ¡más divertido! Con cierta frecuencia, podrías armar una salida grupal para ir a comer o ir al cine. Así, tendrás la oportunidad de conocer a tus compañeros y de formar amistades duraderas.

Asóciate con personas que te
inspiren a ser mejor.

Séneca

T H

N

DI
"GRACIAS"

Tómate el tiempo para agradecerles a las personas cuando hayan hecho un buen trabajo. No solo alegrarás el día de alguien, sino que también generarás un ambiente más feliz en la oficina.

NO REALICES MUCHAS COSAS A LA VEZ

Es muy común encontrar personas muy ocupadas, que realizan muchas tareas en sus trabajos. Pero es un error pensar que hay que hacerlas todas juntas para cumplir con los plazos de entrega. De acuerdo con recientes investigaciones, realizar muchas tareas a la vez consume más tiempo del que ahorra y es perjudicial para la creatividad de una persona y para sus niveles de concentración. Por lo tanto, en lugar de salir a apagar incendios cuando tienes muchísimos trabajos por hacer, crea una lista de prioridades y céntrate en una tarea a la vez.

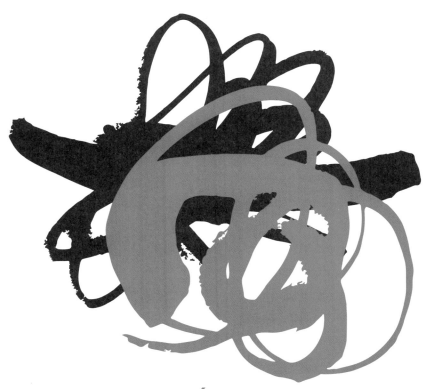

EVITA EL ESTRÉS DE TUS COLEGAS

Para muchos, el trabajo es el aspecto más estresante de sus vidas y, cuando hay colegas tensos, inconscientemente, puedes absorber su negatividad. Una manera de evitar esto es tratando de ofrecerles algunos consejos positivos a aquellos compañeros que estén hablando de sus problemas. Sin embargo, si encuentras que su comportamiento está teniendo un impacto negativo en tu estado de ánimo, es mejor que salgas de la situación, tal vez, yendo a buscar una bebida. Sé consciente de que has hecho una elección para sentir optimismo y felicidad, y de que no adoptarás la mentalidad negativa de tus colegas.

MANTÉN LA CALMA Y PIENSA EN POSITIVO.

TEN ALGUNOS BOCADILLOS SALUDABLES EN TU ESCRITORIO

Cuando necesitas una inyección de energía extra en el trabajo, puede ser tentador ingerir algún bocadillo azucarado poco saludable. Pero, después del impulso inicial que da el azúcar, es probable que comiences a sentir pereza nuevamente. Date un gusto, pero elige opciones saludables, como frutas frescas, nueces, palomitas de maíz o una pequeña cantidad de chocolate amargo. Esto te ayudará a mantener altos tus niveles de energía, y tendrás una mente y un cuerpo saludables.

ESTÍRATE

Si trabajas todo el día frente a una computadora, puedes tener algunos problemas de salud, como el síndrome del túnel carpiano, fatiga visual, dolores de cabeza, aumento de peso y bajo estado de ánimo. Trata de estirarte de vez en cuando o, si estás en un pequeño descanso, sube y baja las escaleras o sal a dar un paseo corto. Las endorfinas liberadas te darán un impulso positivo de energía, y te sentirás mejor para hacerles frente a las demandas diarias de tu trabajo.

¡CADA TRABAJO NECESITA UN MOMENTO DE DIVERSIÓN!

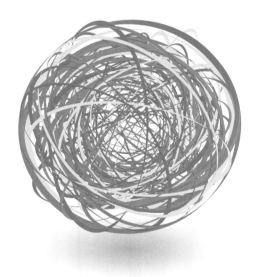

Todos tenemos ciertos aspectos del trabajo que no disfrutamos y debemos apretar los dientes para realizarlos. Trata de acercarte a estas tareas con un poco de diversión. Si estás trabajando en el archivo, por ejemplo, imagina juegos de palabras y acertijos utilizando los apellidos de las personas o, si tienes un documento extenso para leer, trata de hacer una pequeña pelota de bandas de goma al mismo tiempo, que luego podrás utilizar para calmar el estrés.

No hay deber
que descuidemos tanto
como el deber
de ser felices.

Robert Louis Stevenson

APRENDE A DECIR "NO"

Esto se aplica a todos los aspectos de la vida, pero nos afecta con más frecuencia en el trabajo. Por ejemplo, cuando demandan más de nosotros y sentimos que no podemos decir "no" porque podría interpretarse como mala predisposición. El momento de decirle "no" a tu jefe cuando te pide que completes una tarea puede ser desalentador, pero es importante que no te preocupes por perder tu buena imagen si te niegas. Los jefes entienden que, a veces, nuestra carga de trabajo no nos permite asumir tareas y responsabilidades adicionales. Ellos confían en que sus empleados les harán saber cuándo son capaces de hacer más.

Si te niegas educadamente a realizar una tarea, con la explicación de que no serás capaz de completarla en el tiempo necesario, no solo le mostrarás a tu jefe que estás consciente de tu carga de trabajo y tus propios límites, sino que esto también ayudará a aliviar tu estrés. Si siempre sientes que tienes que decir "sí", entonces, asumirás demasiado trabajo y tendrás la presión extra de terminar tus tareas tarde, de no realizarlas con la calidad deseada o de tener que trabajar horas adicionales para completarlas. Esto es fácil de evitar: solo sé realista sobre lo que puedes hacer y di "no" si es necesario.

La felicidad es un viaje, no un destino.

MANTÉN TU ESCRITORIO (Y TU COMPUTADORA) ORDENADO

Es importante que mantengas tu escritorio ordenado y que tengas un lugar para todo, para que puedas continuar con tu trabajo sin el estrés que ocasiona la búsqueda de documentos extraviados o de artículos de librería. Esto también se aplica a tu computadora: elimina todos los archivos antiguos o imágenes innecesarias. ¡Deshazte de ellos! Realiza lo mismo con los correos electrónicos y los documentos viejos. Elimina los que no necesitas y almacena los más importantes en carpetas bien etiquetadas o archívalos.

TOMA UN DESCANSO

Es importante que te vayas de vacaciones. Todos necesitamos tiempo libre para desestresarnos y recargar energía. Se ha demostrado que tomar un descanso nos hace más sanos en general y más productivos en nuestro lugar de trabajo, así que ¡no te sientas culpable por irte esas dos semanas!

La felicidad
depende de
nosotros
mismos.

Aristóteles

QUÉ COMES PARA ESTAR ALEGRE

Si quieres mejorar tu nivel de optimismo o deseas aumentar tu visión positiva, la elección de los alimentos adecuados es un paso importante para conseguir estos objetivos y asegurarte el camino hacia la felicidad duradera. Los alimentos ricos en minerales, vitaminas y ácidos grasos no solo son buenos para tu cuerpo, sino que también se ha demostrado que disminuyen los síntomas de la depresión y la ansiedad. Los estudios sobre cómo los alimentos que consumimos afectan el estado de ánimo han señalado que hay diez nutrientes esenciales que combaten el desánimo y nos hacen sentir bien.

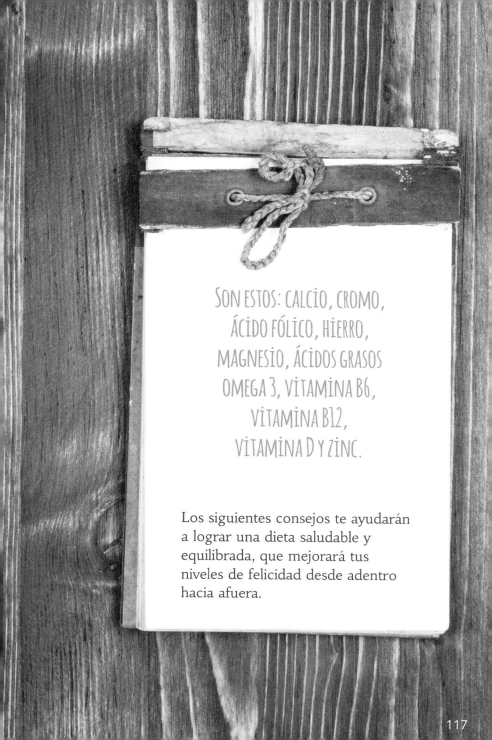

Son estos: calcio, cromo, ácido fólico, hierro, magnesio, ácidos grasos omega 3, vitamina B6, vitamina B12, vitamina D y zinc.

Los siguientes consejos te ayudarán a lograr una dieta saludable y equilibrada, que mejorará tus niveles de felicidad desde adentro hacia afuera.

INCORPORA MINERALES

Los minerales son esenciales para tener un sistema nervioso saludable. Para garantizar tu bienestar general físico y mental, es importante que los incluyas en tu dieta.

El **CALCIO** mantiene tus vasos sanguíneos sanos y tus huesos fuertes. El descenso en el nivel de calcio está relacionado con un estado de ánimo bajo, especialmente, en las mujeres. El calcio se encuentra en los productos lácteos, así como en el kale o la col rizada.

El **CROMO** es vital para regular la insulina en tu cuerpo y también ayuda al cerebro a equilibrar los estados de ánimo. La falta de este mineral conduce a un mayor riesgo de sufrir presión arterial alta y depresión. El cromo se encuentra en el brócoli, el pavo, las patatas y los productos integrales.

El **MAGNESIO** juega un papel importante en tu producción de serotonina, sin la cual te predispones al estrés y a la irritabilidad. El magnesio está presente en las nueces, las verduras de hojas verde oscuro, el pescado y los productos integrales.

El **ZINC** equilibra tu humor y es conocido por reducir los síntomas de la depresión. Se puede encontrar en mariscos, huevos, frijoles, champiñones, nueces, semillas y kiwi.

El **HIERRO** transporta el oxígeno necesario a todo tu cuerpo y fortalece los músculos. Los niveles bajos de este mineral provocan síntomas de fatiga, desánimo y depresión. La deficiencia de hierro es más común en las mujeres, y los vegetarianos pueden considerar la posibilidad de tomar algún suplemento rico en este mineral. Se puede encontrar en verduras de hojas verde oscuro, carne, pescado, frijoles, legumbres, nueces y productos integrales.

Puedes ser feliz; solo créelo.

La felicidad viene desde adentro.

MANTÉN BAJO TU IG

Una dieta con bajo índice glucémico (IG) puede tener muchos beneficios para la salud, tales como niveles de energía más estables, menos hinchazón y la disminución de antojos de azúcar. Todo esto te ayuda a mantenerte más optimista. El IG indica en qué medida los alimentos que contienen carbohidratos elevan la glucosa en la sangre. Cuando comemos alimentos con un alto IG, como pan blanco, pasteles y dulces, se elevan nuestros picos de azúcar en sangre y luego caen rápidamente, lo que nos deja cansados, irritables y hambrientos. Si comes alimentos con bajo IG, como frijoles, pan de centeno y la mayoría de las frutas y verduras, te aseguras de que tu cuerpo se encuentre bien alimentado durante todo el día y la noche, y evitas los picos y bajas del azúcar en sangre, que pueden tener un efecto perjudicial en tus emociones. En conclusión, una dieta con bajo IG te hará sentir con más estabilidad y equilibrio.

Lo más importante es disfrutar de tu vida; ser feliz es lo único que importa.

Audrey Hepburn

COME NUECES

Si comes dos nueces de Brasil al día, tendrás tu dosis diaria de selenio, que es vital para un sano funcionamiento de la tiroides. Esto mejorará tu estado de ánimo y disminuirá significativamente tus niveles de ansiedad.

HIDRÁTATE

Beber entre seis y ocho vasos de agua por día es importante para tu salud mental, tu bienestar general y tu felicidad. Esto se debe a que el agua transporta nutrientes a las células de nuestro cuerpo y también las limpia de toxinas. La deshidratación conduce a la confusión y la irritabilidad. No olvides que las bebidas calientes, los jugos de frutas y los alimentos frescos (especialmente, vegetales) también contienen agua, por lo que cuentan en tu consumo diario recomendado.

Come para estar saludable y tener felicidad duradera.

DISMINUYE LA CAFEÍNA

Si, habitualmente, sientes ansiedad y desánimo,
es aconsejable que reduzcas la cafeína de tu dieta.
Algunos científicos creen que la cafeína es la causa más
importante de ansiedad y que más de nueve tazas de café
al día pueden causar estrés extremo y ataques de pánico.
Esto se debe a que la cafeína inhibe los receptores
corporales de adenosina, un sedante natural que
nos mantiene tranquilos, y esto nos hace sentir
sobreestimulados.

EL HUMOR Y EL ALCOHOL

Después de un largo día en la oficina, muchas personas toman una copa de vino porque las ayuda a relajarse y desestresarse. El alcohol es ampliamente conocido por tener un efecto calmante, ya que favorece la liberación de endorfinas, la sustancia natural del cuerpo que nos hace sentir bien. Pero esto, luego, es anulado por las cualidades depresivas del alcohol y la sensación de ansiedad que deja en el cuerpo, una vez que pasa el efecto de placer. Trata de reducir el alcohol en general, pero, si quieres beber, opta por un vaso de chianti, merlot o cabernet sauvignon, ya que las pieles de estas uvas son ricas en melatonina, la hormona del sueño.

El optimismo es la fe que conduce al éxito; nada puede hacerse sin esperanza.

Helen Keller

SÉ FELIZ CON CEREALES INTEGRALES

Si bien puede ser tentador comer una rebanada de pastel o una galleta cuando nos sentimos desanimados o negativos, es importante recordar que la combinación de azúcar y harina refinada de estos alimentos puede ser perjudicial para nuestra salud y causarnos una amplia variedad de problemas. Estos van desde afecciones en la piel hasta enfermedades graves, como la diabetes, y todo esto puede desencadenar en tu decaimiento anímico. Para que no te suceda, puedes tratar de incorporar más cereales integrales a tu dieta. Esto puede ser tan simple como cambiar el pan blanco por el pan integral, el arroz blanco por el arroz integral, o elegir un cereal para el desayuno que contenga arroz integral. También podrías probar algunas de las interesantes variedades de granos y aportarle creatividad a tu cocina. ¿Por qué no intentas utilizar trigo burgol o mijo en una ensalada? Las opciones son infinitas.

BALANCEA BIEN LOS ÁCIDOS GRASOS ESENCIALES

La cantidad adecuada de omega 3 en tu dieta es muy importante para que mantengas una mente sana y una actitud positiva. Simplemente, puedes incluir dos porciones de pescados a la semana, que contengan omega 3, o agregar una cucharada de semillas de calabaza o girasol en tu cereal o en tu ensalada todos los días.

EL TIEMPO
PARA
SER
FELIZ

ES AHO

MEJORA TU HUMOR
CON MACA

El polvo de maca es un superalimento hecho
a partir de la planta de maca, que crece en
los Andes peruanos. Algunos lo llaman "el
Viagra de la naturaleza" debido a sus cualidades
energizantes. Es particularmente bueno para las
mujeres que sufren de síndrome premenstrual
y de desánimo, pues alivia estados de ansiedad,
depresión y dolores generales. También
equilibra el sistema endocrino: las glándulas que
regulan el estado de ánimo, el metabolismo,
la función sexual y los patrones de sueño.
Pruébalo espolvoreando un poco en tus cereales
o agrégalo a tus batidos o comidas al horno.

EJERCITA TU CAMINO HACIA LA FELICIDAD

¿Has notado, alguna vez, lo bien que te sientes después de nadar, de una caminata rápida o de salir a correr? Es la liberación de los químicos "felices", endorfinas y dopamina, y la reducción de las hormonas del estrés, cortisol y adrenalina, que te hacen sentir tan bien. Según algunas investigaciones, solo veinte minutos de ejercicio pueden mejorar tu estado de ánimo durante un máximo de doce horas. Los siguientes consejos te ayudarán a moverte y empezarás a sentir los excelentes beneficios de ejercitarte regularmente.

Un objetivo en la vida
es la única fortuna que
vale la pena encontrar
y no se halla en tierras
extranjeras, sino en el
propio corazón.

Robert Louis Stevenson

SUMA A TUS AMIGOS

Si estás tratando de motivarte para hacer un poco de ejercicio, puedes encontrarte con amigos para ir a correr o jugar un partido de tenis. También puedes unirte a una clase o equipo y redescubrir los deportes que disfrutabas en la escuela, como el vóley, el fútbol o el rugby. O prueba algo nuevo y emocionante, como hacer gimnasia en trampolín o escalada deportiva. Ejercitarte con amigos o en un grupo te hará sentir motivación y te divertirás al mismo tiempo.

Un paseo
por la mañana
es una bendición
para todo el día.

Henry David Thoreau

UNA BOCANADA DE AIRE FRESCO

Los estudios demuestran que las personas tienen
una actitud más feliz si pasan tiempo al aire libre,
disfrutando de la naturaleza. Respirar aire fresco y sentir
el sol en el rostro es una rápida y maravillosa manera de
fijar la vitamina D. Inhalar aire fresco profundamente
limpia los pulmones y aumenta la cantidad de oxígeno
que se transporta en el cuerpo. Esto favorece una mente
más clara y genera mayor energía. Así que, en lugar de
reunirte con tus amigos en un café, vayan a caminar
juntos al aire libre, o baja del autobús una parada antes
de la habitual y camina hacia tu lugar de destino. Así,
tendrás la oportunidad de disfrutar de los beneficios de
estar al aire libre. Cambia tu rutina y ve a tu trabajo en
bicicleta, inscríbete para hacer yoga en el parque, únete
a un grupo para realizar caminatas o correr, o ve a
nadar a una piscina al aire libre en el verano.

DEJA QUE TU

FELICIDAD

BRILLE COMO EL SOL.

Aquel que disfruta
haciendo y disfruta de lo
que ha hecho es feliz.

Johann Wolfgang von Goethe

ESCUCHA MÚSICA MIENTRAS TE EJERCITAS

Los estudios confirman que escuchar música con alta energía, durante el ejercicio físico, mejora ampliamente el estado de ánimo y hace que tu entrenamiento parezca más fácil. Del mismo modo, ver tu programa favorito mientras corres en una cinta hace que la actividad sea mucho más agradable ¡que mirarte al espejo mientras sudas!

PRACTICA YOGA

La antigua práctica del yoga no se centra solamente en los movimientos de tu cuerpo, sino que también apunta a lograr el equilibrio de tu estado de ánimo. Practícalo a tu propio ritmo y así tendrás tiempo para entender lo que tu cuerpo realmente puede hacer. El resultado de calma que le da a tu mente y los efectos de tonificar y fortalecer el cuerpo pueden ayudarte a aumentar tus niveles de satisfacción. La mayoría de las clases terminan con el sueño yóguico o meditación guiada, que puede hacerte sentir más energía, felicidad y mayor conexión contigo. Si no quieres asistir a una clase, puedes practicarlo en tu casa con la ayuda de libros, DVD o videos en internet.

BAILA PARA
SER FELIZ

El baile es muy divertido y también es un buen entrenamiento. Puedes probar una clase de danza jazz, baile de salón o ritmos latinos. Estos son algunos de los bailes más divertidos, que te permitirán ponerte en forma y conocer gente nueva. Además, las clases de fusión de fitness, como zumba, son cada vez más populares. Elige un estilo con el que te identifiques y, sobre todo, que disfrutes mucho.

VIVE LA TERAPIA DEL AGUA

Prueba nadar en aguas abiertas, en un lago o el mar, para experimentar la naturaleza mientras te ejercitas. La inmersión en el agua fría incluye una gran cantidad de beneficios para la salud: calma naturalmente los dolores, alivia la depresión y la ansiedad, y fortalece tu sistema inmunológico y te da vitalidad. El alto nivel de endorfinas que genera nadar en aguas abiertas te hará sentir optimismo, felicidad y energía para asumir los desafíos de la vida.

Piensa en

Grande,

sueña

aún más

GRANDE.

Terapias alternativas para que seas más feliz

Cuando sientas que tus niveles de felicidad empiezan a bajar, las terapias complementarias pueden darte un impulso positivo al reducir los síntomas físicos y mentales del desánimo y, al mismo tiempo, te proporcionarán un tiempo "personal" muy necesario.

A veces,
es bueno hacer una
pausa en nuestra
búsqueda de la felicidad
y, simplemente,
ser felices.

Guillaume Apollinaire

MEDITA

Los escaneos cerebrales han demostrado que los monjes budistas, que meditan regularmente, tienen niveles de felicidad que están fuera de los parámetros normales. Los estudios han comprobado que aquellos que meditan, al menos, diez minutos al día, duermen mejor y son más felices y más resistentes cuando se trata de manejar el estrés.

El momento presente
está lleno de alegría y felicidad.
Si prestas atención, lo verás.

Thich Nhat Hanh

Mírate al espejo
y di algo bueno de ti:

¡eres
genial!

RECITA MANTRAS POSITIVOS

Un mantra es una frase positiva que repites para ti. Los mantras pueden ser pensados o dichos en voz alta. Muchas personas creen que, al decir su mantra, hacen que sea más eficaz. También puedes escribir el mantra que elijas y ponerlo en algún lugar visible, como la cocina o el baño. Elige tu mantra basándote en lo que es importante para ti, no en lo que crees que otros aceptarán. Podría ser cualquier cosa, desde "voy a aprobar mi examen" a "soy una persona buena y honesta". Repetir tu mantra a diario te ayudará a reafirmar tu fe en ti y en tus habilidades.

Permite que la felicidad entre en tu vida.

ABRAZA UN ÁRBOL

Se cree que la conexión con la naturaleza tiene un impacto significativo en nuestra felicidad y bienestar. Trata de conectarte con la naturaleza todos los días y disfruta de los efectos positivos en tu salud y en tu buen humor. Podrías hacer algo tan simple como caminar sobre las hojas de otoño y escucharlas crujir, detenerte a oler una hermosa flor o abrazar un antiguo roble.

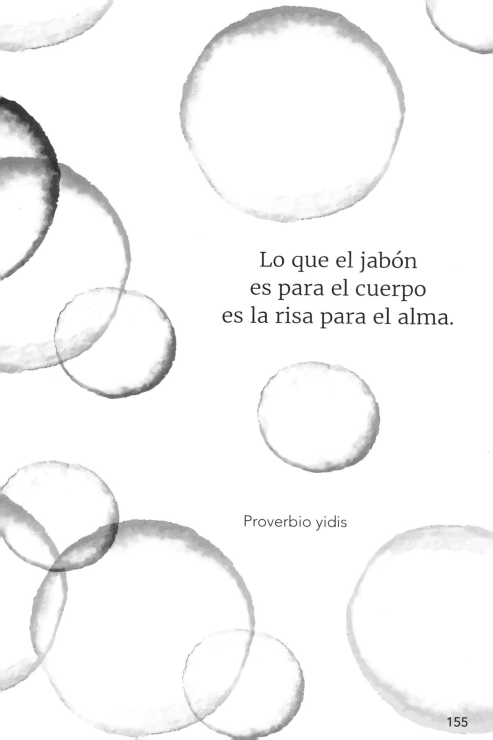

Lo que el jabón
es para el cuerpo
es la risa para el alma.

Proverbio yidis

LA RISA ES LA MEJOR MEDICINA

La risa es buena para ti porque no solo libera endorfinas que te hacen sentir feliz, sino que también tiene beneficios probados para la salud. Una buena risa desde el vientre es similar a una sesión de entrenamiento suave, porque hace que la sangre fluya y que los músculos trabajen. También reduce las hormonas del estrés y la presión arterial, y le da a tu sistema inmunológico un impulso beneficioso. Además, mejora la memoria y tiene un efecto positivo en los patrones de sueño. Estos son algunos consejos para sumarle risas a tu vida:

1. Observa el lado divertido de una situación difícil y trata de no tomarte todo demasiado en serio.

2. Piensa en algo gracioso que te haya pasado y cuéntaselo a tus amigos. Revivir ese recuerdo te hará divertir y, al mismo tiempo, ¡ellos también se alegrarán!

3. Suscríbete a diferentes páginas web para recibir correos electrónicos divertidos o vídeos de tus comediantes favoritos. Puedes adquirir el hábito de leer historietas cómicas, libros de bromas o anécdotas divertidas.

4. Pasa tiempo con personas que te hagan reír.

5. Mira una película divertida o visita un club de comedia.

Y, FINALMENTE, LOS CONSEJOS MÉDICOS

Si el desánimo tiene efectos negativos en tu vida cotidiana, vale la pena que acuerdes una cita con tu médico para hablar de ello. Aunque las terapias complementarias pueden hacer que te sientas mucho mejor, algunas situaciones necesitan asistencia médica. Es posible que tu médico te recomiende una terapia de conversación, como la terapia cognitivo-conductual (TCC), o medicación que pueda ayudarte. Recuerda que el médico está ahí para auxiliarte, no para juzgarte; dile todo lo que te está afectando y, de esa manera, él será capaz de darte el mejor asesoramiento posible.

¡ESPERAMOS QUE DISFRUTES EL VIAJE HACIA LA FELICIDAD!

Créditos de imágenes:

¡Tu opinión es importante!

Escríbenos un e-mail
con tus comentarios y sugerencias a
miopinion@vreditoras.com
con el título de este libro en el "Asunto".

Conócenos mejor en
www.vreditoras.com
f Facebook.com/vreditoras